Ute Scheffler

Lauter SCHARFE Sachen

Chili, Curry und Co.

BuchVerlag
für die Frau

ISBN 978-3-89798-350-2

2. Auflage 2015

Typografie: LEcreativ Leipzig
Fotos: Archiv der Autorin, Archiv des Verlages, ExQuisine, fotolia.com, Jiri Hera, Marco Mayer, silencefoto
Druck: Salzland Druck, Staßfurt
Buchbinderische Verarbeitung:
Müller Buchbinderei GmbH Leipzig

Printed in Germany
www.buchverlag-fuer-die-frau.de

Inhalt

Schööön scharf

Es gab Zeiten – und die sind noch gar nicht so lange her – in denen Gewürze mit Gold aufgewogen wurden. Im wahrsten Sinn des Wortes. Sie waren Anlass für Eroberungen und Kriege, ihr Besitz war ein Zeichen für Reichtum – und Macht. Wer sein Geld im Gewürzhandel verdiente, hatte ausgesorgt.

Kolumbus und Vasco da Gama wollten einen Seeweg finden, auf dem die Gewürze Asiens schneller und sicherer als über Land nach Europa gelangen

konnten. Der Rest ist bekannt: Kolumbus entdeckte stattdessen Amerika und beglückte die Europäer nicht nur mit Kartoffeln und Tomaten, sondern auch mit Paprika und Chili. Er gab den scharfen Früchten, die noch kein Europäer gekostet hatte, den Namen *Pimienta*. Vielleicht glaubte er, Verwandte des aus Indien bekannten schwarzen Pfeffers gefunden zu haben, oder er wollte einfach die Verwendung der Pflanze verdeutlichen. In Spanien jedenfalls kennt man Paprika bis heute als „Spanischen Pfeffer".

Auch in späteren Zeiten verdienten Schiffseigner und Kaufleute nicht schlecht am Gewürzhandel. Dass wir reiche Kaufleute bis heute als

„Pfeffersäcke" kennen, kommt nicht von ungefähr.

Die Lust am Geschmack

Heute sind, bis auf wenige Ausnahmen, Gewürze längst für jeden erschwinglich, selbst exotische Aromen aus jenen Breiten, *wo der Pfeffer wächst*, sind kein Luxus mehr.

Auch wir Deutschen lieben inzwischen gut gewürztes Essen, wir sind experimentierfreudig geworden und haben uns an Paprika und Muskatnuss, an Zimt und Kardamom, Kurkuma und Kreuzkümmel gewöhnt. Die letzten 20, 30 Jahre haben uns eine kleine Küchenrevolution beschert und die Speisen der Welt in deutsche Kochtöpfe gebracht. Längst gehören *Spaghetti arrabiata, Chili con Carne, Guacamole* oder *Tom Kha Gai* zu unseren Lieblingsgerichten. Dabei schwelgen wir nicht nur in Urlaubsträumen und -erinnerungen, wir genießen vor allem die für unsere Gaumen reizvollen Geschmackserlebnisse: den Mix von Schärfe und Süße, das feurige Brennen der Chilis, die sanfte Verführung eines guten Curry-Gerichtes. Schade eigentlich, dass wir hierfür meist fertige Gewürzmischungen nutzen. Den Beweis, dass es auch ganz anders geht, möchte dieses kleine Buch mit einer Fülle von Rezepten auf den folgenden Seiten antreten – mit individuell zusammen-

gestellten Würzmischungen, Marinaden, mit Fisch- und Fleischgerichten und sogar mit Desserts.

Ein leckerer Schmerz

Eines noch vorab: Gutes Essen ist nicht nur eine Frage des Geschmacks. Essen ist eine sinnliche Erfahrung, eine Art Gesamtkunstwerk, das perfekte Zusammenspiel von Geschmacks-, Geruchs- und Tastsinn. Scharf gewürztes Essen bringt unsere Rezeptoren zum Arbeiten.

Scharf ist dabei keine Geschmacksempfindung, sondern – ja, man muss den Tatsachen ins Auge sehen – eine *Schmerz*empfindung. Das verdanken wir zum Beispiel bei den Chilis dem

Wirkstoff *Capsaicin*. Der reizt unsere Schmerzkanäle, die auch Sensoren für Hitze sind, und erzeugt das Gefühl, sich verbrannt zu haben. Chili, Paprika oder Pfeffer brennen uns also buchstäblich auf der Zunge, in der Speiseröhre und im Magen.

Was aber bringt uns dazu, Speisen so scharf zu würzen, dass es weh tut? Brauchen wir den Nervenkitzel: Wie viel Schmerz halte ich aus? Wohl kaum! Wir machen uns nur unsere biologische Veranlagung zu Nutze: Einerseits wirken die scharfen Anteile der Gewürze wie Geschmacksverstärker. Die gereizten Schleimhäute werden besser durchblutet und mit ihnen die benachbarten Geschmacksnerven.

Andererseits werden die Hautporen geöffnet, man beginnt zu schwitzen, die Körpertemperatur sinkt. Sicherlich ein Grund, weshalb man in den Tropen und Subtropen gern scharf isst.
Nicht unterschätzen sollten wir auch die Tatsache, dass unser Gehirn so freundlich ist, bei der Nachricht „Achtung: Schmerz!" sofort Glückshormone, *Endorphine*, auszuschütten, um die Pein erträglicher zu machen. Scharf gewürztes Essen kann also tatsächlich glücklich machen, und so manches scharfe Gewürz gilt nicht zu Unrecht als Naturdroge. Bei Chili beispielsweise konnte man die anregende Wirkung in Versuchen tatsächlich nachweisen.

Zusätzlich hemmen die Inhaltsstoffe vieler scharfer Früchte das Wachstum von Bakterien: Scharfes Essen wirkt also wie ein natürliches Antibiotikum und ist wohl auch deshalb in den heißen Gegenden unserer Welt so beliebt.

Lassen Sie sich also verführen von *Scharfer Joghurtsuppe*, *Dschungelcurry*, *Zilzil Tibs* oder *Pollo alla diavola*, von *Erdbeer-Chili-Konfekt* oder *Spicy Mango*. Und: Nicht nur mit Chili kann man Essen angenehm schärfen. Auch vertraute Dinge wie Senf und Meerrettich, Cayennepfeffer, Tabasco oder ein ganz normales Currypulver erweisen sich als echte Scharfmacher und leckere Rezeptzutat.

Scharfmacher

Würzmischungen | Currypasten

Die Gewürzregale und Gemüseabteilungen sind voller Dinge, die unser Essen scharf machen: Pfeffer, Rosenpaprika, Kreuzkümmel oder Sternanis und Kardamom, Meerrettich, Senf, Tabasco, Zwiebeln, Knoblauch, Ingwer, Zitronengras und Kräuter locken, auch Würzsaucen und Dips gibt es in reicher Vielfalt. Doch ehrlich: Nichts geht über eine selbst gemachte Würzmischung, ein eigenes, frisch gemahlenes Currypulver oder eine Currypaste aus eigener Kreation.

Gut zu wissen:

Jedes Rezept ist mit kleinen roten Chilischoten versehen, die den Schärfegrad angeben:

scharf

sehr scharf

extrem scharf

Wer an Schärfe nicht gewöhnt ist, sollte anfangs sparsamer als im Rezept angegeben würzen und später schrittweise die Schärfe erhöhen.

Scharfes Currypulver

12 EL Kreuzkümmel
2 EL geschälte Kardamomkörner
1 EL Gewürznelken | 1 EL Muskatblüte
12 EL Kurkumapulver
1/2 EL gemahlener Ingwer
5 EL schwarze Pfefferkörner
1/2 Tasse Korianderkörner
1/2 Tasse Cayennepfeffer
1 Zimtstange

Gewürze in einer Pfanne ohne Fett bei mäßiger Hitze rösten, bis sie dunkel werden, dabei die Pfanne schütteln, um ein Anbrennen zu vermeiden. Abkühlen lassen und in der Gewürz- oder Kaffeemühle feinkörnig mahlen. Pulver verschlossen aufbewahren.

Sansibar-Currypulver

3 EL Koriandersamen
1 TL Kreuzkümmelsamen
3 TL Senfsamen | 1 TL Fenchelsamen
1 1/2 TL Bockshornkleesamen
2 1/2 cm Zimtstange
1/2 TL Kurkumapulver | 1 TL Chilipulver
1 TL Paprikapulver | 1 EL brauner Zucker

Samen und Zimtstange in einer Pfanne ohne Fett bei mäßiger Hitze rösten, bis sie ihr Aroma entfalten, dabei die Pfanne schütteln.
Nach dem Abkühlen fein mahlen (Gewürz- oder alte Kaffeemühle bzw. im Mörser) und mit Chili-, Paprikapulver und dem Zucker mischen.
Gut verschlossen aufbewahren.

Schon gewusst?

Das als CURRY bezeichnete Gewürzpulver verdankt die Welt den Engländern. Curry bezeichnet Gerichte, die in einer würzig-scharfen Sauce (tamilisch „Karie") gekocht und serviert werden. Die englischen Kolonialherren wollten den Geschmack indischer Gerichte auf der heimischen Insel nicht missen und kamen auf die Idee, die wesentlichen Gewürze als gebrauchsfertige Mischung zusammenzustellen. Dadurch hat sich der Begriff Curry auch für die fertigen Würzmischungen eingebürgert, und die meisten von uns halten ein Huhn, das mit Currypulver gewürzt ist, schon für ein Hähnchen-Curry.

Schon gewusst?

Für Würzmischungen sollten Gewürze immer angeröstet werden!

Dabei niemals Öl oder Fett verwenden und darauf achten, dass die Pfanne richtig heiß und trocken ist.

Besonders wichtig ist es, den richtigen Röstgrad abzupassen, nur eine Sekunde zu lang in der Pfanne kann schon bedeuten, dass die Gewürze bitter werden. Wenn die Körner und Samen in der Pfanne „poppen", sind sie perfekt. Die Gewürze sind danach viel intensiver und duften unwiderstehlich. Sie lassen sich so auch leichter zerstoßen bzw. fein mahlen.

Außerdem sollten die Gewürze einzeln geröstet werden.

Garam Masala

2 Zimtstangen | 3 Lorbeerblätter
2 EL Kreuzkümmel | 2 EL Koriander
1-2 TL Kardamom-Kapseln
2 TL schwarze Pfefferkörner
1 TL Gewürznelken | 2 TL Zimt
2 TL Muskat
1 TL gemahlene Muskatblüte

Alle Zutaten einzeln ohne Fett in einer Pfanne rösten, abkühlen lassen und im Mixer oder einem Mörser zerkleinern. In einem luftdichten Behälter aufbewahren.

Für mehr Schärfe mit Sesam, Fenchelsamen, Chili, Senfkörner und Kurkumapulver ergänzen.

Berbere

1 TL gemahlener Ingwer
1/2 TL Koriandersamen
1/2 TL Kardamomsamen
1/2 TL Bockshornkleesamen
1/4 TL Piment | 1/4 TL Gewürznelken
1/4 TL Zimt | 1 TL Salz
3 TL Cayennepfeffer
2 TL Paprikapulver | 1 TL Pfeffer
2 TL Kreuzkümmel | 1 TL Kurkuma

Für diese äthiopische Gewürzmischung die Gewürzsamen in einer Pfanne ohne Fett anrösten, auskühlen lassen und die restlichen Gewürze zugeben. Alle zusammen in einer Kaffee- oder Gewürzmühle fein mahlen bzw. im Mörser zerstoßen.

Cajun-Würzmischung

2 TL Salz | 2 TL Knoblauchgranulat
2 TL edelsüßes Paprikapulver
1 TL gemahlener schwarzer Pfeffer
1 TL Zwiebelgranulat
1/2 TL Oregano | 1/2 TL Thymian
1/2 TL Chiliflocken
Cayennepfeffer nach Geschmack

Diese Gewürzmischung aus dem Süden der USA ist perfekt für Gegrilltes. Einfach die angegebenen Zutaten mischen und zum Marinieren und Würzen verwenden.

Chiliflocken sind übrigens nichts anderes als getrocknete, zerbröselte Chilischoten samt Kernen.

Gelbe Currypaste

2 EL Klebreis (Sushi-Reis)
20 g kleine rote Schalotten (Asia-Laden)
20 g Knoblauch
1/2 EL Salz
20 g getrocknete rote Chilischoten
1 EL Kurkuma
1 EL Garnelenpaste („Kapi", Fertigprodukt aus dem Asia-Laden)

Den Reis 30 Minuten in Wasser quellen lassen. Inzwischen Schalotten und Knoblauch schälen und in kleine Würfel schneiden.

Alle Zutaten in einem großen Mörser so lange stampfen, bis eine homogene Paste entstanden ist.

Dschungel-Currypaste

1 Stück (1-2 cm) Galgantwurzel
3 „Finger" chinesischer Ingwer
1 TL Kaffir-Limettenschale
1-2 Stangen Zitronengras
5 kleine rote Schalotten
20 g getrocknete rote Chilischoten
1 TL schwarze Pfefferkörner
1/2 EL Garnelenpaste („Kapi")

Es lohnt sich wirklich, die Zutaten hierfür im Asia-Laden zu besorgen! Ersatzweise kann man aber auch „normale" Limetten und Ingwer verwenden.

Galgantwurzel schälen und klein schneiden. Limette waschen und die grüne Schale dünn abschneiden.

Zitronengras waschen, etwas klopfen und in kleine Röllchen schneiden. Schalotten und Knoblauch abziehen, fein würfeln. Den chinesischen Ingwer (Krachai-Wurzel) waschen, schälen und in kleine Stückchen schneiden.
Alle Zutaten in einen großen Mörser geben und zerstampfen, bis eine homogene Paste entstanden ist.

Currypasten kann man natürlich auch fertig im Asia-Laden kaufen. Sie sind unterschiedlich scharf und werden vor allem für thailändische Gerichte verwendet.
Die selbst gemachten haben den Vorteil, dass man die Schärfe individuell anpassen kann.

Exotischer Grillsenf

50 g gelbe und 10 g braune Senfkörner
2-4 Knoblauchzehen
1 Stück (ca. 3 cm) frischer Ingwer
1/2 Chilischote | 1/2 reife Mango
1/2 Bund Thai-Basilikum
140 ml milder Apfelessig
1-2 EL Rohrzucker | Salz | Pfeffer

Für das Senfmehl gelbe und braune Senfkörner fein mahlen (z. B. in einer Gewürz- oder Kaffeemühle), anschließend mischen. Knoblauch abziehen, durchpressen. Ingwer dünn schälen und fein würfeln. Chilischote in feine Röllchen schneiden. Für weniger Schärfe die Kerne entfernen. Die Mango schälen, halbieren und den Kern entfernen. Eine Hälfte mit ganz wenig Wasser und einer Prise Zucker ca. 5-10 Minuten köcheln lassen. Nach dem Abkühlen nicht zu fein pürieren. Die andere Mangohälfte anderweitig verwenden.

Basilikum waschen, Blätter abzupfen und fein hacken (Thai-Basilikum gibt es im Asia-Laden, er ist schärfer).

Vorbereitete Zutaten in eine Schüssel geben und wenigstens 10 Minuten rühren. Mit Zucker, Salz und Pfeffer abschmecken. Kühl und verschlossen aufbewahren.

Ergibt ca. 200 g Senf
Reifezeit: mindestens 3 Wochen
Haltbarkeit: ca. 3 Monate

Curry-Knoblauch-Senf

1 Knoblauchknolle
20 g Currymischung (Seite 19 oder 20)
60 g gelbes Senfmehl
140 ml milder Apfelessig
20 g Rohrzucker | Salz

Knoblauchzehen schälen und durch die Knoblauchpresse drücken, mit dem Currypulver zu einer Paste verrühren und ca. 24 Stunden kühl stellen.
Danach aus dem Kühlschrank nehmen und nochmals einige Stunden bei Zimmertemperatur ziehen lassen.
Senfmehl (fein gemahlene Senfkörner), Essig und Rohrzucker zur Würzpaste geben, mindestens 10 Minuten rühren, abschließend mit Salz abschmecken.

In ein Twist-off-Glas füllen und kühl aufbewahren.

Ergibt ca. 200 g Senf
Reifezeit: mindestens 3 Wochen
Haltbarkeit: ca. 3 Monate

Im Frühjahr können Sie den Senf mit frischem Bärlauch verfeinern.

Scharf angemacht

Marinaden | Saucen | Dips

Dass Fleisch besser schmeckt, wenn es vor dem Grillen eingelegt wird, weiß jeder. Dass Ketchup Nudeln das gewisse Etwas geben kann, hat sich sogar im Kindergarten herumgesprochen. Und wenn wir die nette Frage „Mit Scharf?" am Asia-Imbiss mit „Ja" beantworten, wird mit etwas Chilisauce die Nummer 9 zum Rachenbrenner. Auch dass Tacos etwas zum Dippen brauchen, ist bekannt. Warum also die notwendige Veredlung nicht gleich selbst machen?

Paprika-Koriander-Marinade

1 Zwiebel | 2 Knoblauchzehen
6 EL trockener Weißwein
6 EL Öl | 1 TL Tomatenmark
2 Chilischoten | 1/2 TL Korianderpulver
1/2 TL schwarze Pfefferkörner
2 TL Paprikapulver, edelsüß

Zwiebel, Knoblauch und Chilischoten in grobe Stücke schneiden, Weißwein, Öl, Tomatenmark und Gewürze hinzufügen (Pfeffer vorher frisch mahlen) und alles gut vermischen.
Passt hervorragend zu Fleisch.

Scharfe Curry-Marinade

1 Knoblauchzehe
1 Stück (ca. 1-2 cm) frischer Ingwer
20 ml Öl | 1 1/2 TL Sambal Oelek
1 TL scharfes Currypulver (Seite 19)
Salz | Pfeffer

Knoblauch und Ingwer schälen und in feine Würfelchen schneiden bzw. durch die Knoblauchpresse geben oder reiben. Öl in eine Schüssel geben. Ingwer, Knoblauch und die Gewürze hinzufügen und vermischen. Wer es schärfer mag, kann noch eine kleine Chilischote dazugeben.

Gibt Geflügelfleisch und Seefisch wie z. B. Tilapia, Pangasius oder auch Kabeljau genau die richtige Würze.

Cajun-Marinade

2 mittelgroße Zwiebeln
150 g Aprikosen- oder Pfirsichmarmelade
3 EL Tomatenketchup
50 g Zucker | 50 ml Essig
30 ml Worcestersauce
1 TL Paprikapulver
1 TL Senf | 1/2 TL Tabasco
Salz | Pfeffer

Zwiebeln schälen und in feine Würfel schneiden. Alle Zutaten in einen kleinen Topf geben und bei milder Hitze etwa 15 Minuten köcheln lassen. Anschließend pürieren.
Diese fruchtig-scharfe Marinade passt sehr gut zu Steaks und Spareribs.

Schon gewusst?

Weltweit gibt es hunderte Chili-Sorten – allein das Bestimmungsbuch „Peppers of the World" enthält mehr als 350! Ihre Schärfe wird in so genannten Scoville-Einheiten gemessen und mit den Graden 1 (mild) bis 10 (extrem scharf) angegeben.

Für die Küche sind etwa eine Handvoll Chilisorten von Interesse. Zu den bekanntesten zählen Cayenne (8), Chipotle (6), Habanero (10), Jalapeño (5), Birdeye (8) und Thai Chili (8).

Spezielle Sorten wie Ancho, Pasillas oder Mulatos gibt es getrocknet im Gewürzhandel oder über das Internet. Chipotles bekommt man durchaus auch frisch zu kaufen.

Feurige Chili-Salsa

1 Zwiebel | 3 Knoblauchzehen
Olivenöl | 100 ml Rotwein
3 Chilischoten
400 g pürierte Tomaten
50 g Tomatenmark | 1 TL Oregano
1/2 TL gemahlener Kreuzkümmel
1 TL frischer Thymian
1 TL frischer Rosmarin
1/2 TL gemahlener Zimt
2 Stängel Koriander
Salz | Pfeffer

Zwiebel und Knoblauchzehen schälen, fein hacken. Öl erhitzen, Zwiebel und Knoblauch glasig dünsten. Mit Rotwein ablöschen und reduzieren, bis fast alle Flüssigkeit verdampft ist.

Inzwischen die Chilischoten in feine Ringe schneiden. Wenn Sie es weniger scharf mögen, die Kerne entfernen. Zum Ansatz geben, kurz andünsten. Mit den pürierten Tomaten auffüllen. Am besten eignen sich die aus der Dose. Während der Tomatenzeit können Sie natürlich auch frische Tomaten verwenden. Hierfür geschälte Tomaten in Würfel schneiden und zur Mischung geben. Alles bei milder Hitze ca. 10-15 Minuten zugedeckt köcheln lassen. Die frischen Gewürze und Kräuter fein hacken, zur Salsa geben. Mit Salz und Pfeffer abschmecken, nicht zu fein pürieren.
Noch heiß in verschließbare Gläser füllen.

Ananas-Chili-Käse-Dip

100 g Cheddar-Käse | 100 ml Milch
200 g Frischkäse | 1 kl. Dose Ananas
2 Chilischoten | Salz | Tabasco

Den Cheddar-Käse grob zerkleinern und mit der Milch in einem Topf bei geringer Hitze schmelzen lassen. Vom Herd nehmen und den Frischkäse einrühren. Saft von der Ananas abgießen und Stücke abtrocknen. Chilischoten fein hacken (für weniger Schärfe die Kerne entfernen), mit den Ananasstücken zur Käsemasse geben und zu einer glatten Masse verrühren, mit Salz und Tabasco abschmecken, auskühlen lassen und servieren. Schmeckt zu Tortilla-Chips oder einfach mit Brot.

Pesto rosso

1 Knoblauchzehe
1 großes Bund frisches Basilikum
1 kleine milde Chilischote
150 g getrocknete Tomaten
(sonnengereift)
50 g Parmesan Grana Padano
oder alter Peccorino
150 ml fruchtig-mildes Olivenöl
30 g Pinienkerne
(alternativ Mandelstifte)
3 EL trockener Rotwein
(alternativ Rote-Bete-Saft)
1-2 EL Tomatenmark | Salz | Pfeffer

Knoblauch schälen und grob hacken, Basilikum waschen, trocknen und grob zerkleinern, Chili entkernen und in feine Ringe schneiden. Die getrockneten Tomaten je nach Größe vierteln oder halbieren und den Käse grob zerkleinern.

Zusammen mit den Pinienkernen, dem Rotwein und dem Tomatenmark in einen Mixbecher geben, mit Öl auffüllen und kräftig mit dem Mixstab durchmixen. Mit Salz und Pfeffer abschmecken.

Am besten gleich frisch auf Crostini oder mit Nudeln servieren. Auch sehr lecker als Dip zu frischem Weißbrot oder zum Fondue.

Jannia's Guacamole

3 reife Avocados | 1 Tomate
1 Knoblauchzehe | 2 Peperoni
Limettensaft | Salz

Die reifen Avocados schälen, entkernen und pürieren, Tomate häuten und entkernen, das Fruchtfleisch in kleine Würfel schneiden, Peperoni ebenfalls entkernen, sehr fein schneiden, Knoblauchzehe schälen und durchpressen. Alle Zutaten vermischen, mit Salz und reichlich Limettensaft abschmecken.

Diese Variante des bekannten Dips ist das Hausrezept einer guten Freundin aus Guatemala.

Masai Mara

8 große rote Paprikaschoten
500 ml Olivenöl
12 Knoblauchzehen
150 g geröstete Pekannüsse
150 g Semmelbrösel
4 Zitronen | 4 TL Kümmelpulver
4 TL Zucker | 1 Chilischote
Salz | schwarzer Pfeffer

Backofen auf 240° C vorheizen. Paprikaschoten halbieren, Kerne und Samenstände entfernen. Die Schoten mit den Händen mit etwas Öl einreiben, mit der Schnittseite nach oben auf ein Backblech legen. Den Knoblauch abziehen und in dünne Scheiben schneiden. Einige wenige Scheiben auf die Paprika legen, backen, bis sie sich zu schwärzen beginnen, dann die Paprikahälften wenden und auch die andere Seite backen, bis die Haut schwarz wird. Herausnehmen, abkühlen lassen, die Haut abziehen und in Stücke schneiden.

Paprika, restlichen Knoblauch, Brotkrümel, Pekannüsse, den Saft der Zitronen, Kümmel, Zucker, fein gehackte Chili, etwas Salz und Pfeffer im Mixer pürieren. Das restliche Öl hinzugießen und die Mischung sämig und glänzend mixen. Abschmecken, durchaus mit reichlich Salz würzen, um die kräftigen Aromen zu betonen. Dieser Dip schmeckt auch als Brotaufstrich.

Gelber Ketchup

700 g gelbe Paprikaschoten
2 Zwiebeln
1 Stück frischer Ingwer (2–4 cm)
50 g Zucker | 100 ml Orangensaft
2 EL Weißweinessig
2 TL scharfes Currypulver (Seite 19)
Salz | weißer Pfeffer

Die Paprikaschoten waschen, halbieren und putzen. Die Schoten fein würfeln. Die Zwiebeln abziehen und fein hacken. Den Ingwer schälen und klein würfeln.

Den Zucker in einen Topf streuen, mit etwas Wasser anfeuchten und bei mittlerer Hitze schmelzen lassen. Die Paprika-, Zwiebel- und Ingwerwürfel darin unter Rühren ca. 5 Minuten andünsten. Mit Orangensaft aufgießen und aufkochen. Offen bei schwacher Hitze etwa 20 Minuten köcheln lassen, bis die Paprikawürfel weich sind. Die Paprikamischung mit dem Pürierstab oder Mixer glatt pürieren. Wieder in den Topf geben und unter Rühren erhitzen. Ketchup mit Essig, Currypulver (Sie können natürlich auch handelsübliches verwenden), Salz und Pfeffer pikant abschmecken.

Abkühlen lassen und in eine heiß ausgespülte, weithalsige Flasche (z. B. Saftflasche) füllen. Im Kühlschrank aufbewahren.

Haltbarkeit: ca. 1 Monat

Sambal Oelek

2 Schalotten | 2 Knoblauchzehen
10 Chilischoten | 4 kleine Tomaten
Öl | Salz | Pfeffer

Die Schalotten und den Knoblauch schälen und sehr fein hacken. Beides in etwas Olivenöl anschwitzen, die klein geschnittenen Chilischoten und Tomaten dazugeben und alles ca. 10 Minuten köcheln lassen. Mit Pfeffer und Salz würzen. Mit etwas Wasser mit dem Mixstab pürieren.
In Twist-off-Gläser oder Flaschen füllen und nach dem Erkalten im Kühlschrank aufbewahren.

Haltbarkeit: ca. 2-3 Wochen

Scharfer Anfang

Suppen | Snacks

Es geht nichts über eine gute Suppe. In den Töpfen der Welt, egal ob in Thailand oder Indien, in Afrika, im Nahen Osten oder in Südamerika köcheln die leckersten Eintöpfe vor sich hin. Sie vereinen eine Vielzahl aromatischer Zutaten, setzen auf exotische Gewürze und frische Kräuter – wahre Verführer unserer Geschmacksnerven. Auch die beliebten kleinen Snacks schrecken vor feuriger Schärfe keinesfalls zurück.

Wenn nicht anders angegeben gelten alle folgenden Rezepte für 4 Personen.

Mulligatawny-Hühnersuppe

1 Suppenhuhn | Salz
1 Bund Suppengrün
1 Lorbeerblatt | 40 g Butter
75 g Räucherspeck | 1 Zwiebel
1-2 EL Currypulver (Seite 19 oder 20)
40 g Mehl | Cayennepfeffer
2 EL Tomatenmark
1 Stück (1-2 cm) frischer Ingwer
4 große Fleischtomaten
150 ml saure Sahne

Das vorbereitete Suppenhuhn in einem Topf mit kaltem Wasser, Salz, dem grob zerkleinerten Suppengrün und dem Lorbeerblatt zum Kochen bringen. Bei gleichmäßiger Hitze etwa 1 - 1 1/2 Stunden garen, bis es weich

ist und sich gut vom Knochen löst. Huhn aus der Brühe nehmen, enthäuten und Fleisch auslösen, in mundgerechte Stücke schneiden und beiseite stellen. Das Lorbeerblatt ebenfalls aus der Brühe nehmen. Die Hühnerbrühe mit Gemüse nun mit dem Stabmixer pürieren, eventuell gröbere Reste vom Suppengrün ebenfalls entfernen.
In einem zweiten Topf die Räucherspeckwürfel (gibt es bereits gewürfelt zu kaufen) in Butter auslassen. Dann die in kleine Würfel geschnittene Zwiebel dazugeben und einen gehäuften Esslöffel Curry darüber streuen. Unter ständigem Rühren anschwitzen, bis die Zwiebel Farbe angenommen hat. Das Mehl darüber geben und un-

ter ständigem Rühren untermischen. Wird der Ansatz zu trocken, noch Butter zugeben, bis er sehr sämig ist. Dann die vorbereitete Hühnerbrühe aufgießen und mit Cayennepfeffer sowie Tomatenmark würzen.

Den Ingwer dünn schälen und in die Suppe reiben. Das Hühnchenfleisch wieder zugeben und alles aufkochen, dann die Temperatur reduzieren und die Suppe leise köcheln lassen.

Die Tomaten blanchieren, Stielansätze und Kerngehäuse entfernen und in grobe Würfel schneiden. Zur Suppe geben und darauf achten, dass sie nicht zerkochen. Abschließend die saure Sahne unterrühren. Vor dem Servieren entsprechend des gewünschten Schärfegrades noch einmal mit Curry und Cayennepfeffer abschmecken, auch Sambal Oelek (Seite 52) passt gut. Dazu geröstetes Fladen- oder Weißbrot servieren.

„The same procedure as every year" – Zur allgemein bekannten Komödie „Diner for one" gehört diese Suppe wie der mehr oder weniger trinkfeste Butler James oder das Tigerfell. Kein Wunder, ist doch Mulligatawny (gesprochen: Malligatoni) eine „Erfindung" der Engländer aus ihren indischen Kolonialherrenzeiten. Übersetzbar ist das Wort nicht, es gibt einfach keine Bedeutung dafür.

Scharfe Joghurtsuppe

450 ml Natur-Joghurt
4 EL Kichererbsenmehl
1 TL Chilipulver | 1/2 TL Kurkuma
2 grüne Chilischoten
4 große rote Chilischoten
(auch getrocknet)
1 TL Kreuzkümmelsamen
3 Curryblätter (Asia-Laden)
1 Stück frischer Ingwer (ca. 5 cm)
Salz | Knoblauch | 1 EL Öl
1 Prise Zucker | evtl. Koriandergrün

Joghurt, Kichererbsenmehl, Chili- und Kurkumapulver vermischen und in einen Topf geben.
Die grünen Chili in feine Ringe schneiden, dazugeben und alles ca. 10 Mi-

nuten sanft köcheln lassen, immer wieder umrühren.

Öl in einer Pfanne erhitzen. Die roten Chilischoten zusammen mit den übrigen Gewürzen, dem Knoblauch und dem Ingwer (geschält und in feine Streifen geschnitten) anbraten, bis die roten Chilischoten schwarz sind. Anschließend die Gewürze (ohne die Chilischoten) mit dem Öl in die Suppe gießen und die Suppe neben der Herdplatte etwa 5 Minuten ruhen lassen. Gut umrühren und weitere 5 Minuten sanft erwärmen. Eine Prise Zucker intensiviert den Geschmack.

Vor dem Servieren nach Belieben mit fein gehacktem Koriander bestreuen.

Tom Yum Goong

300 g frische Garnelen
(ersatzweise Tiefkühlware)
300 g Pilze (z. B. Champignons)
1 Stück (ca. 5 cm) frischer Ingwer
(wenn vorhanden: besser Galgant)
5 Limettenblätter
2 Stangen Zitronengras
1 kleine scharfe Chilischote
750 ml Wasser
1 EL Chilipaste mit Sojaöl
(Nam Prik Pao aus dem Asia-Laden)
1 1/2 TL Tom Yum Paste
(Gewürzpaste aus dem Asia-Laden)
4 EL Fischsauce (Asia-Laden)
1 Limette | 1 Bund Koriandergrün
etwas Kokosmilch

Küchenfertige Garnelen vom Schwanz befreien und der Länge nach an der Außenkante einkerben (sie gehen dann „blumenartig" im heißen Wasser auf. Pilze säubern und in Streifen schneiden. Ingwer schälen und in feine Würfel schneiden. Die Limettenblätter halbieren, Zitronengras waschen, klopfen und in etwa 3 cm lange Stücke schneiden. Chilischote (verwenden Sie unbedingt eine scharfe Sorte) in feine Röllchen schneiden.

Das Wasser erhitzen und alle vorbereiteten Zutaten (bis auf die Garnelen) und Gewürze dazugeben, unter Rühren mindestens 20-30 Minuten köcheln lassen. Dann Garnelen ins kochende Wasser geben, zuerst nicht umrühren, erst nach ca. 1 Minute, sonst zerfallen sie leicht. Die Suppe ist fertig, wenn die Garnelen sich rötlich gefärbt haben.

Limetten auspressen und den Saft in die Suppe geben, nicht noch einmal aufkochen. Die Suppe heiß mit etwas Kokosmilch und frisch gezupften Korianderblättchen servieren.

Wichtig bei der Zubereitung einer Tom Yum Goong ist die Vorarbeit. Alles muss fertig geschnitten und vorbereitet sein, bevor man mit dem Kochen beginnt. Der Sud kann übrigens gut bis zu 2 Stunden köcheln, so bekommt die Suppe erst ihren richtigen, tollen Geschmack.

Jamaican Pepperpot

750 g Kasseler Kotelett mit Knochen
500 g Süßkartoffeln
1 Knoblauchzehe | 1 Zwiebel
1 große grüne Peperoni | 2 EL Öl
1 Lorbeerblatt | 6 Pimentkörner
500 g Spinat | 150 g Okra
(ersatzweise kleine Zucchini)
200 g küchenfertige Garnelen
(ohne Schale, mit Schwanz)
1 rote Chilischote
Salz | weißer Pfeffer
3-4 EL Kokosmilch
etwas Limettensaft

Fleisch waschen und in etwa 1 Liter kochendem Wasser ca. eine Stunde kochen. Kartoffeln schälen, waschen und in Stücke schneiden. Knoblauch und Zwiebel schälen, fein würfeln. Peperoni waschen, putzen und würfeln. Fleisch aus der Brühe nehmen. Öl in einem Topf erhitzen. Kartoffeln, Knoblauch und Zwiebel darin drei Minuten andünsten. Peperoni, Lorbeer und Pimentkörner zugeben. Ausreichend Fleischbrühe zugießen, aufkochen und 15 Minuten bei kleiner Hitze garen.

Spinat putzen, waschen und abtropfen lassen. Okraschoten mit Küchenpapier gut abreiben und mit dem Spinat zu den Kartoffen geben und weitere zehn Minuten garen.

Fleisch in Würfel schneiden. Garnelen abspülen. Fleisch und Garnelen fünf Minuten vor Ende der Garzeit zum

Eintopf geben. Chilischote waschen, entkernen und in Ringe schneiden. Jamaican Pepperpot mit Salz, Pfeffer, Kokosmilch und Limettensaft abschmecken. Nicht mehr kochen! Chiliringe darüber streuen und servieren.

Übrigens ist der Jamaican Pepperpot nicht nur ein beliebtes und würziges karibisches Eintopfgericht. Die englische Komikertruppe „Monty Python" verwendet das Wort „Pepperpots" liebend gern als „running farce". Gemeint sind geschwätzige Hausfrauen in Wickelrock, mit weißer Bluse und aufgetürmten Haaren, die an eine Pfeffermühle erinnern.

Chili-Burger

450 g Rinderhackfleisch
1 reife Tomate | 1 Knoblauchzehe
50 g schwarze Oliven (ohne Kern)
1/2 TL Dijon-Senf
1-2 EL feurige Chili-Salsa
je 1 EL frisches Basilikum und Oregano
2 EL frische Petersilie oder Dill
Salz | Pfeffer
4 Hamburgerbrötchen

Das Fleisch in eine Schüssel geben und gut mit der entkernten und gewürfelten Tomate, gehackten Oliven, durchgepresstem Knoblauch, Senf, Chilisauce (Seite 40 oder auch Fertigprodukt), und den Kräutern mischen (wenn keine frischen Kräuter zur Hand sind, greifen Sie auf TK-Produkte oder getrocknete Kräuter zurück, letztere sparsamer dosieren). Dann aus dem Fleisch 4 Burger formen. Die Burger nach Belieben grillen oder in der Pfanne braten. Gleichzeitig die Hamburgerbrötchen toasten und die fertigen Burger sofort auf den getoasteten Brötchen servieren.

Servieren Sie die Burger mit etwas saurer Sahne, Frühlingszwiebeln und Tomatenvierteln. Ein frischer Salat und Käsewürfel passen ebenfalls gut dazu.

Cajun „Popcorn"

750 g frische Garnelen
1 Ei | 250 ml Milch
40 g feines Maismehl
120 g Mehl | 1/2 Pck. Backpulver
1-2 TL Cajun-Gewürz (Seite 25)
1/4 TL getrocknetes Basilikum
1/2 TL Selleriesalz
Öl zum Frittieren

Die Garnelen schälen und den Darm entfernen. Abspülen und auf Küchenpapier gut abtropfen lassen.
Das Ei mit der Milch verschlagen. In einer großen Schüssel Maismehl, Mehl, Backpulver, Cajun-Gewürz, Basilikum und Selleriesalz mischen. Mit der Hälfte der Milch-Eier-Mischung zu einem

glatten Teig verrühren, anschließend den Rest der Eiermilch unterrühren und 30 Minuten ruhen lassen.
Die Garnelen in den Teig tauchen und portionsweise in mäßig heißem Öl knusprig und goldbraun frittieren. Mit einem Schaumlöffel herausnehmen.
Kurz auf Küchenpapier abtropfen lassen und heiß mit einer passenden Sauce (zum Beispiel Seite 40 oder 50) servieren.

Das Maismehl sollte sehr fein sein, damit die Garnelen besonders knusprig werden.

Gewickelte Grillwürstchen

8 Paar Würstchen
3 EL scharfer Senf | 3 EL süßer Senf
3 EL Ketchup | 3 EL Chilisauce (Seite 40)
1 EL gemischte Kräuter (frisch oder TK)
1 Knoblauchzehe | Salz | Pfeffer
8 Scheiben Schinken (hauchdünn)
8 Scheiben Käse (hauchdünn)
12 Scheiben Speck (hauchdünn)
etwas Öl zum Bestreichen

Senf, Ketchup, Chilisauce, Kräuter, Pfeffer und die mit Salz zerriebene Knoblauchzehe gründlich miteinander mischen und die Würstchen damit bestreichen. Schinken und Käsescheiben halbieren. Jedes Würstchen mit Käse, Schinken und Speck umwickeln, alles

mit Zahnstochern fixieren, mit Öl einstreichen und grillen oder für ca. 10 Minuten (bis der Speck knusprig ist) bei Mittelhitze im Backofen (Grillfunktion) garen.

Scharfer Genuss

Fleisch | Geflügel | Fisch

Ob Fleisch, Geflügel oder Fisch – auf der ganzen Welt würzt man gern scharf. Senf und Meerrettich nutzten die Europäer schon in der Antike. Die Maya und Inka schworen nicht nur auf Paprika und Chili, sondern würzten auch mit Kakao. In Asien wie Afrika liebt man Gewürzmischungen. Egal, wo auf dieser Welt gekocht wird, die Wahl der Gewürze und deren – auch gewagte – Kombination lässt sogar Altbekanntes immer wieder zur kulinarischen Offenbarung werden.

Axoa d'Espelette

Baskischer Kalbseintopf

1 kg Kalbsschulter
8 grüne Paprikaschoten
2 Chilischoten | 1 Zwiebel
1 Knoblauchzehe
1 TL Piment d'Espelette
(ersatzweise Cayennepfeffer)
Thymian | Lorbeer
(oder 1 Bouquet garni)
Olivenöl | Salz | Pfeffer
1/4 l Weißwein | 1/2 l Rinderbrühe

Fleisch abwaschen, trockentupfen und in Stücke schneiden.
Die Paprikaschoten unter fließendem, heißem Wasser waschen, mit Küchenpapier abtrocknen, Stielansatz, Zwi-

schenhäutchen und Samen entfernen und in Würfel schneiden. Die Chilischoten waschen, halbieren (Kerne entfernen), klein schneiden. Zwiebeln und Knoblauch schälen, würfeln. Beides in einem Topf mit heißem Öl mehrere Minuten andünsten, Paprika und Chili zugeben. Zuletzt das Fleisch in die Pfanne geben, kurz anbraten. Das Gericht würzen und den Bratansatz mit dem Weißwein ablöschen und mit Rinderbrühe auffüllen.
Alles mit geschlossenem Deckel etwa 50 Minuten schmoren, eventuell noch Brühe zugießen, dann ca. 10 Minuten bei offenem Deckel und milder Hitze reduzieren lassen. Das Gericht abschmecken und sofort servieren.

Zilzil Tibs

4 Rinderhüftsteaks à 150 g
2 EL Erdnussöl
1 große Gemüsezwiebel (ca. 300 g)
2 Knoblauchzehen
1 Stück (ca. 4 cm) frischer Ingwer
2 EL Butterschmalz | 2 EL Chiliflocken
1 TL schwarzer Pfeffer
300 ml Fleischbrühe (auch Instant)
3 Gewürznelken | Muskatnuss | Salz

Fleisch waschen, trockentupfen, dann der Länge nach halbieren. Steaks abwechselnd von links nach rechts im Abstand von 1 cm ziehharmonikaartig bis fast zum Rand einschneiden. Das Fleisch mit Erdnussöl bestreichen, in Folie wickeln und bis zum Braten bei

Zimmertemperatur marinieren lassen. Zwiebel und Knoblauch schälen und sehr klein würfeln. Eine große Pfanne erhitzen. Fleischstreifen bei großer Hitze darin rundherum 1-2 Minuten scharf anbraten. Pfanne vom Herd nehmen und das Fleisch noch 1 Minute ziehen lassen. Dann in Alufolie wickeln und zur Seite stellen.

Jetzt die Zwiebelwürfel in die Pfanne geben und bei mittlerer Hitze ohne Fett ca. 10-15 Minuten goldbraun rösten. Dann erst Butterschmalz zugeben. Sobald dieses zerlaufen ist, Knoblauch, Chiliflocken und Ingwer einrühren, mit etwas Brühe angießen. Den Bratansatz unter Rühren loskochen und die übrige Brühe zugie-

ßen. Die Sauce mit den Nelken, etwas geriebenem Muskat und Salz würzen und zugedeckt bei schwacher Hitze etwa 30 Minuten schmoren lassen, bis sie dickflüssig ist.
Die Sauce nochmals abschmecken, die Gewürznelken entfernen. Die Fleischstreifen salzen und samt ausgetretenem Fleischsaft in die Sauce geben, heiß werden lassen und sofort mit Fladenbrot servieren.

In Äthiopien, dem Herkunftsland dieses Gerichtes, werden sehr farbintensive, dunkelrote Chilis gemahlen und statt Chiliflocken verwendet. Das gibt der Sauce bedeutend mehr Schärfe und Farbe.

Lamm mit Senfkruste

1 mittelgroße Zucchini
1 TL Knoblauch | 2 EL Minze | 1 TL Butter
1-1,5 kg Lammschulter
1-2 EL frisch gehackter Rosmarin
3 EL grobkörniger Senf
3 TL Sojasoße | 3 TL Honig
Salz | Pfeffer

Zucchini waschen und in feine Streifen schneiden, mit Butter, gehacktem Knoblauch und Minze für 2 Minuten in einer Pfanne anbraten.
Die Lammschulter waschen, trockentupfen, Fett großzügig abschneiden. Eine Tasche in die Schulter schneiden und das abgekühlte Zucchinigemüse vorsichtig hineinfüllen.

Die restlichen Zutaten 3 Minuten in einem kleinen Topf oder einer kleinen Pfanne erhitzen, etwas abkühlen lassen, dann das Fleisch mit dieser Paste bestreichen, abschließend salzen und pfeffern.

Das vorbereitete Fleisch in eine Auflaufform legen, lose mit Pergamentpapier bedecken und im vorgeheizten Backofen bei 180° C ca. 20-25 Minuten braten. Vor dem Servieren einige Minuten ruhen lassen.

Dazu schmecken Rosmarinkartoffeln.

Enchiladas Empanadas
mit Salsa de Chile Roja

Für die Salsa:
6 kleine getrocknete Chilischoten
2 Zwiebeln | 4 Knoblauchzehen
3 EL Öl | 2 EL Rotweinessig
2 EL Tomatenmark
500 g passierte Tomaten (Dose)
1 TL Zucker

Für die Empanadas:
2 Tomaten | 1 grüne Paprikaschote
2 EL Butter | 250 g Rinderhackfleisch
1/3 Tasse Sultaninen | 2 TL Chilipulver
1/2 TL gemahlener Kümmel
500 g Blätterteig (TK)
3 EL Wasser | 2 Eigelb
etwas Milch

Zuerst für die Salsa die Chilischoten in heißem Wasser einweichen. Eine Zwiebel und zwei Knoblauchzehen schälen und fein hacken. Die vorbereiteten Chilischoten mit einem Pürierstab oder Messer zerkleinern. Wer die Salsa nicht ganz so scharf mag, nimmt einfach weniger Schoten. Frische Chili hingegen lassen das Gericht zu einer feurig scharfen Herausforderung werden!

Öl in einem Topf erhitzen, Zwiebel und Knoblauch darin glasig dünsten. Mit Essig ablöschen, Tomatenmark einrühren und die passierten Tomaten zugeben. Bei milder Hitze etwa 10 Minuten zugedeckt köcheln lassen. Mit etwas Zucker abschmecken.

Für die Empanadas restliche Zwiebel und Knoblauch schälen und ebenfalls fein hacken. Die Tomaten blanchieren, enthäuten, entkernen und in kleine Würfel schneiden. Paprika entkernen und putzen, ebenfalls in kleine Würfel schneiden.

Butter in einer Pfanne erhitzen, Gemüse darin dünsten, bis die Zwiebel glasig ist. Hackfleisch dazugeben und krümelig anbraten.

Sultaninen, Chilipulver und Kümmel dazugeben und bei schwacher Hitze unter gelegentlichem Rühren 10 Minuten kochen lassen. Vom Feuer nehmen und abkühlen lassen.

Die Blätterteigplatten ausrollen und ca. 15 cm große Kreise ausstechen.

Die Fleischfüllung auf eine Hälfte der Kreise geben. Ränder mit Wasser befeuchten und umklappen. Fest andrücken. Eigelb mit Milch verquirlen und die Empanadas damit bestreichen.
Im Backofen bei 180° C (Umluft) etwa 20-30 Minuten backen lassen, bis das Eigelb goldbraun ist. Heiß mit der Sauce servieren.

Statt mit Blätterteig können Sie die Empanadas auch mit Tortillas (Fertigprodukt) zubereiten. Füllung einrollen, mit etwas Reibekäse bestreuen und auf dem Blech bei Mittelhitze im Ofen überbacken, bis der Käse zerläuft.

Pollo alla diavola

für 2-3 Personen

1 Brathähnchen (ca. 1 kg)
2 Zitronen | 4 Chilischoten
10 Salbeiblätter
100 ml Olivenöl | Salz | Pfeffer

Das Hähnchen auf der Brustseite mit einer Geflügelschere aufschneiden, flachdrücken und auf ein Stück Alufolie legen. Eine Zitrone entsaften und den Saft mit 100 ml Olivenöl, Salz und Pfeffer verrühren. Die Chilischoten waschen und in feinste Ringe schneiden (eventuell Kerne entfernen). Den Salbei ebenfalls in feine Streifen schneiden und beides zur Zitronen-Öl-Marinade geben.

Das Hähnchen nun auf der Vorder- und Rückseite mit der Marinade begießen, einreiben, in die Alufolie wickeln und mindestens 2 1/2 Stunden ziehen lassen.
Den Backofen auf 200° C vorheizen. Das Hähnchen in der Folie auf ein Blech legen, die Folie oben öffnen und zur Seite klappen.
Im vorgeheizten Backofen ca. 30 Minuten knusprig braten. Mit Zitronenscheiben garnieren.
Brot oder Reis als Beilage reichen.

Louisiana-Grillhähnchen

für 6 Personen

40 g Cashewkerne
2 Knoblauchzehen | 1 rote Chilischote
1 Stück (ca. 2 cm) frischer Ingwer
6 EL heißes Wasser
3 EL Orangenmarmelade
1 EL Rohrzucker | 3 EL Weißweinessig
2 EL Sojasauce | 3 EL Sesamöl
1 TL Salz | 1/2 TL Pfeffer
6 Hähnchenschenkel

Die Hähnchen schmecken am besten vom Holzkohlegrill, gelingen aber auch auf dem Elektrogrill.
Die Cashewkerne ohne Fett in einer Pfanne leicht anrösten, abkühlen lassen und in grobe Stücke hacken.

Chilischote waschen und in Stücke teilen, Ingwer dünn schälen und in feine Scheiben schneiden. Anschließend alles pürieren.
Die Schenkel halbieren, waschen, trockentupfen und in eine große Plastiktüte geben. Die vorbereitete Marinade einfüllen, verschließen und gut schütteln. Wenigstens 2 Stunden kühl gestellt durchziehen lassen.
Die Hähnchenteile je 10 Minuten von beiden Seiten grillen.
Heiß mit Brot servieren und zum Beispiel mit einer Sauce oder einem Dip nach Wahl aus Kapitel 3 servieren.

Dschungel-Curry

500 g Hähnchenbrustfilet
(alternativ Schweinefilet)
1 Stück (ca. 4 cm) frischer Ingwer
1 kleine Aubergine
(wenn vorhanden: weiß-grüne Thai-Auberginen aus dem Asia-Laden)
50 g grüne Bohnen
1 rote und 1 gelbe Paprikaschote
1/2 Bund Basilikum | weißer Pfeffer
4 frische grüne Pfefferrispen
(Feinkostladen)
20 g Currypaste (Seite 27)
1 1/2 EL gekörnte Brühe

Das Fleisch waschen, trockentupfen und in mundgerechte Stücke schneiden. Ingwer dünn schälen und in etwa

2 cm lange Streifen schneiden. Aubergine waschen und in kleine Stücke schneiden.

Die Auberginenstücke in kaltes Salzwasser (ca. 1/2 l und 1/4 TL Salz) legen und zur Seite stellen. Die Bohnen waschen, in 2 cm lange Stücke schneiden. Paprika waschen, putzen und in Spalten schneiden. Basilikum abbrausen und trockenschütteln, Blättchen abzupfen. Pfefferrispen waschen.

In einem Topf 1/2 l Wasser zum Kochen bringen. Currypaste und gekörnte Brühe zugeben, unter Rühren aufkochen. Fleisch zugeben, aber nicht umrühren. Topf zudecken und das Curry 5 Minuten weiterkochen lassen. Deckel abnehmen, Ingwer, Aubergi-

nen, Bohnen, Paprika und gemahlenen weißen Pfeffer zugeben. Umrühren, Deckel wieder schließen und weitere 5 Minuten köcheln lassen.
Sobald das Gemüse gar ist, Pfefferrispen und Basilikum zugeben. Noch einmal zudecken. Den Topf vom Herd nehmen und 1 Minute ruhen lassen.
Curry in eine Schüssel umfüllen und mit Reis servieren.

Das Curry schmeckt übrigens auch mit Ente sehr gut. Hierfür frische Entenbrustfilets in mundgerechte Stücke schneiden und auf der Hautseite scharf anbraten – dann weiter wie im Rezept beschrieben.

Lachs mit Meerrettichkruste
auf Lauch-Gemüse

4 Weißbrotscheiben
100 g zimmerwarme Butter
2 EL frisch geriebener Meerrettich
300 g junger Lauch
60 g getrocknete Tomaten
(in Öl eingelegt)
5 Tomaten | 2 Schalotten
2 Knoblauchzehen | 3 EL Olivenöl
600 g Lachsfilet am Stück
(ohne Haut und Gräten)
2 EL Olivenöl | Salz | Pfeffer

Die Weißbrotscheiben entrinden und mit dem Pürierstab zerbröseln. Die Butter schaumig rühren. Diese mit dem Weißbrot, Meerrettich, Salz und

Pfeffer sorgfältig mischen, in einen großen Gefrierbeutel geben und zu einer 1/2 cm dicken Platte ausrollen. Ca. 15 Minuten ins Gefrierfach legen. Inzwischen den Grill einschalten.

Lauch putzen, längs vierteln, in 1/2 cm große Würfel schneiden und waschen. Die getrockneten Tomaten auf Küchenkrepp abtropfen lassen und in feine Würfel schneiden.

Die frischen Tomaten über Kreuz einschneiden, kurz überbrühen, abschrecken und enthäuten. Anschließend vierteln, entkernen und in kleine Würfel schneiden.

Schalotten und Knoblauchzehen schälen, in feine Würfel schneiden und in dem Olivenöl glasig dünsten. Lauch-

und Tomatenwürfel kurz mitdünsten, alles mit Salz und Pfeffer abschmecken und zugedeckt warm halten.
Das Lachsfilet mit Salz und Pfeffer würzen und in dem Olivenöl von beiden Seiten kurz anbraten. Anschließend auf ein mit Alufolie ausgelegtes Blech legen.
Die Meerrettichbutter in die Größe des Lachs schneiden und darauf legen. Das Fischfilet im vorgeheizten Ofen bei Mittelhitze (Oberhitze oder Grillfunktion) 4-5 Minuten goldgelb überbacken.
Dann mit einem scharfen Messer in vier Stücke schneiden und auf dem Lauchgemüse anrichten.

Schon gewusst?

Meerrettichzeit ist von September bis Februar, dann kann man ihn frisch kaufen. Meerrettichstangen sollten gerade gewachsen sein und weißes Fleisch haben. Zu edlen Gerichten sollte man unbedingt frischen Meerrettich verwenden. Der nussartige Geschmack ist bei Fertigprodukten nicht mehr vorhanden. Dort dominiert die Schärfe.

Beim Reiben unbedingt auf etwas Durchzug achten. Reiben Sie keine großen Mengen. Beträufeln mit Zitronensaft, damit der Meerrettich nicht braun wird, überdeckt den Geschmack. Mitkochen mildert zwar die Schärfe, nimmt aber ebenfalls das Aroma.

Also: Nur erhitzen, nicht kochen!

Scharfe Fischspieße

900 g Schwertfischsteaks
(alternativ anderes weißes Fischfilet)
3 EL Olivenöl | Saft 1/2 Zitrone
1 Knoblauchzehe
1 TL Cayennepeffer
6-8 Spritzer grüne Chillisauce
(grüner Tabasco)
3 Tomaten | 2 Zwiebeln
Salz | Pfeffer

Den küchenfertigen Fisch in große Würfel schneiden und in eine Schale geben.

Öl, Zitronensaft, Knoblauch, Cayennepfeffer, Chilisauce (Tabasco), Salz und Pfeffer in einer Schüssel verrühren und über den Fisch gießen. Mit Frischhaltefolie abdecken und an einem kühlen Ort wenigstens 2 Stunden marinieren lassen.

Tomaten waschen, Zwiebeln schälen, dann in große Stücke bzw. Viertel schneiden.

Den marinierten Fisch abwechselnd mit Zwiebel- und Tomatenstücken auf große Spieße stecken.

Spieße 5-10 Minuten braten oder grillen, dabei öfter mit der Marinade bestreichen.

Sie können den Fisch auch in der Cajun-Marinade von Seite 38 ziehen lassen und die Spieße zusätzlich mit Garnelen (frisch oder aufgetaute TK) verfeinern.

Würzfisch à la Mauritius

1 kg Heilbutt
oder anderer weißer Seefisch
1 TL Kurkuma | 6 Knoblauchzehen
2 TL Ingwerpulver | 1 TL Chilipulver
3 TL Senf (Seite 32 oder scharfer Senf)
1 kleine Zitrone | 6 kleine Zwiebeln
3 kleine grüne Peperoni
Öl zum Braten | Salz | Pfeffer

Den küchenfertig vorbereiteten Fisch in mundgerechte Würfel schneiden. Aus Kurkuma, dem geschälten und zerdrückten Knoblauch, Ingwer, Chili, Senf und dem Saft der Zitrone und einer Prise Salz eine Paste anrühren, den Fisch damit einreiben und mindestens 1 Stunde marinieren.

Zwiebeln vierteln und die Peperoni in Streifen schneiden.
In einer Pfanne Öl erhitzen und die Zwiebeln darin glasig dünsten, den Fisch zugeben, bei Bedarf etwas Wasser zugießen und den Fisch garen. Mit Peperoni, Salz und Pfeffer abschmecken. Mit Reis und Salat servieren.

Das scharfe Ende

Desserts | Getränke

Die Kombination von Chili oder Ingwer und Schokolade hat wahrlich Suchtpotenzial. Wer einmal auf den Geschmack gekommen ist, kann von der scharfen Versuchung nicht mehr lassen. Gewürze wie Ingwer, Muskatnuss, Zimt oder Kardamom bereichern nicht nur Kuchen und Gebäck, sondern längst auch Obst, Eis und Pralinen oder Getränke. Den Ideen sind dabei kaum Grenzen gesetzt – selbst Erdbeeren mit Essig und Pfeffer erweisen sich als verführerische Leckerei.

Erdbeer-Chili-Konfekt

125 g weiße Schokolade
150 g Butterkekse | 500 g TK-Erdbeeren
1/2 rote Chilischote | Saft von 1 Zitrone
100 g Zucker | 6 Blatt Gelatine
100 g Chilischokolade | 20 g Kokosfett

Eine etwa 10 x 15 cm große, rechteckige, tiefe Schale mit Backpapier auslegen. 75 g der weißen Schokolade in Stücke hacken und über einem heißen Wasserbad schmelzen. Die Kekse zerkrümeln und mit der flüssigen weißen Schokolade mischen. Die Masse gleichmäßig in der Schale verteilen, mit einem Löffelrücken festdrücken und Form für eine halbe Stunde in den Kühlschrank stellen.

Unaufgetaute Erdbeeren, Chilischote, Zitronensaft und Zucker in einem Topf etwa 20 Minuten bei mittlerer Hitze köcheln lassen. Die Chilimenge ist variabel; ich verwende meist 1 bis 2 und gebe noch ein kleines Stück Ingwer dazu.

Gelatine 5 Minuten in kaltem Wasser einweichen. Erdbeermasse durch ein Haarsieb in eine Schüssel streichen. Gelatine ausdrücken und im heißen Erdbeer-Chili-Saft auflösen. Mischung etwas abkühlen lassen. Dann ca. 1 cm dick auf den Keksboden in die Schale gießen. Mindestens 3 Stunden in den Kühlschrank stellen.

Die Chilischokolade in Stücke brechen und über einem heißen Wasserbad

schmelzen. Dünn über das feste Gelee gießen und glatt streichen. Ebenfalls fest werden lassen.
Die restliche weiße Schokolade hacken und schmelzen, das Konfekt damit verzieren.
Das fertige Konfekt mit Hilfe des Backpapiers aus der Schale heben und mit einem sehr scharfen Messer in 2x2 cm große Quadrate schneiden. Messer dabei immer wieder in heißes Wasser tauchen.

Haltbarkeit: gekühlt 10 bis 14 Tage

Meerrettich-Krokant-Parfait

1/2 Stange frischer Meerrettich
150 g Zucker für Karamell
8 Eier | 100 g Zucker
500 ml Sahne

Den Meerrettich gründlich waschen und mit einem Sparschäler sorgfältig von der Schale befreien, dann auf einer Küchenreibe grob raspeln. Er darf nicht zu fein werden.

Zucker für das Karamell in einer schweren Metallpfanne langsam schmelzen. Wenn der ganze Zucker geschmolzen ist und eine leicht braune Farbe angenommen hat, den gesamten Meerrettich auf einmal in die Pfanne geben und dünsten, bis der

Großteil des im Meerrettich enthaltenen Wassers verdunstet ist.

Eier und Zucker über einem Wasserbad cremig schlagen. Das Wasser darf nicht kochen, damit die Eier nicht gerinnen. Sobald die Masse anfängt dick zu werden, vom Herd nehmen.

Das leicht abgekühlte Meerrettich-Krokant in die Eisgrundmasse geben und gründlich verrühren. Nun die Schüssel auf Eiswasser setzen, damit sie schnell abkühlt.

Inzwischen die Sahne steif schlagen. Nachdem die Eismasse höchstens noch lauwarm ist, die Sahne unterziehen, dabei nicht schlagen, und sofort abfüllen und einfrieren.

Scharfe Mango

1-2 Mangos (je nach Größe)
1/2 l Orangensaft | 100 g Puderzucker
6-8 Spritzer grüne Chilisauce
(grüner Tabasco)
500 g Magerquark | 100 ml Sahne
1 Vanilleschote

Mangos schälen, entkernen und aus den großen Stücken Würfel schneiden, die Reste fein hacken.

Die Hälfte des Zuckers in einem Topf karamellisieren, mit Orangensaft ablöschen und sirupartig einkochen. Dann mit Tabasco würzen und die Mangowürfel darin marinieren.

Die Vanilleschote halbieren und das Mark herausschaben. Den Quark mit

dem restlichen Zucker, Sahne und Vanillemark glatt rühren und in vier große Gläser geben.
Danach die Mangowürfel darüber verteilen.

Würziger Bananensalat

3 reife Bananen | 500 ml Joghurt
1/2 Chilischote | 1 TL Ingwerpulver
1 TL Kümmelpulver | 1 TL Salz

Die Bananen schälen, in Streifen schneiden und würfeln. Joghurt in eine Schüssel geben. Chili in feine Ringe schneiden, Ingwer- und Kümmelpulver untermischen und salzen. Bananenwürfel unterheben, nochmal abschmecken.

Schmeckt gut zu Currygerichten

Rote Verführung

450 g Erdbeeren | 2 EL Balsamico Essig
Pfeffer | 1/2 Bund frische Minze
150 g Mascarpone

Erdbeeren säubern, entstielen und je nach Größe längs halbieren oder vierteln, in eine Schüssel geben. Den Balsamico zugeben. Etwas frisch gemahlenen schwarzen Pfeffer aus der Mühle vorsichtig untermischen. Abdecken und 4 Stunden kalt stellen.

Mascarpone in Servierschälchen geben, die Erdbeeren löffelweise darauf verteilen.

Mit Minzeblättern dekorieren und mit etwas zerstoßenem schwarzem Pfeffer garnieren.

Hot Chocolate

für 2 Portionen

150 g Zartbitterschokolade
500 ml Milch,
1 kleine Chilischote,
200 ml Sahne | 2 EL Zucker

200 ml Milch erhitzen, dabei die Schokolade schmelzen. Chilischote entkernen, sehr fein schneiden und mit dem Zucker zur Milch geben, gut verrühren. Erst jetzt die restliche Milch zufügen, langsam erhitzen. Die Sahne steif schlagen.

Die heiße Schokolade in Tassen füllen, Sahnehäubchen darauf geben und mit etwas Chilipulver oder einer kleinen Chilischote verzieren.

Azteken-Elixier

für 2 Portionen

50 g halbbittere Schokolade
2 Msp. gemahlener Zimt
1 Msp. gemahlener Sternanis
1 EL zerdrückte rosa Pfefferkörner
2 Tassen Kaffee oder Espresso
Milchschaum

Die Schokolade hacken, über einem Wasserbad schmelzen. Zimt, Sternanis und rosa Pfeffer untermischen. In zwei vorgewärmte Gläser verteilen. Mit Kaffee oder Espresso aufgießen, gut verrühren. Obenauf etwas Milchschaum geben. Nach Belieben mit Zimtstangen, Sternanis und rosa Pfeffer garnieren. Heiß servieren.

Rezeptverzeichnis

Aus dem lieferbaren Mini-Angebot

NATUR & GESUNDES

Alte Gemüsesorten • Aronia
Bauernweisheiten durchs Jahr
Blüten für Genießer • Essen von der Wiese
Essbares von Bäumen & Sträuchern
Gesundes Kraut • Heilkräuterbüchlein
Herbe Beeren
Heiter bis wolkig. Vom Wetter
Holunder-Rezepte • Honig • Ingwer
Kleine Kräuterapotheke
Küchenkräutergarten • Multitalent Zwiebel
Mythos Ginkgo (auch engl.)
Neues Katzenbüchlein
Noch mehr Essen von der Wiese
Quinoa. Das gesunde Inka-Korn • Salbei
Sanddorn-Rezepte • Vegane Küche

ESSEN & TRINKEN

Alles gewickelt & gerollt
Backen & Naschen • Brot backen
Essen wie im Mittelalter

Feines Dinkelgebäck • Filinchen
Fisch-Kochbuch • Gewürze
Grillen exotisch • Kochbüchlein Schweiz
Lauter scharfe Sachen
Marmelade & Gelee
Mecklenburg-Vorpommern kulinarisch
Milch-Büchlein • Pasta vegetarisch
Sachsen kulinarisch (auch engl.)
Schokoladenbüchlein • Sektbüchlein
Senfbüchlein • Süße Sünde: Schokolade
Süße Verführung • Süßes im Advent
Teegenuss • Thüringen kulinarisch
Trendgebäck
Weihnachten. Bräuche & Rezepte
Whisky

LITERARISCHES

Das kleine Bach-Büchlein (auch engl.)
Erzgebirgisches Weihnachtsbüchlein
Fange jetzt zu leben an
Frauen • Frauen & Männer
Frauen-Weisheit
Die Geheimnisse der Familie Bach

Goethe-Zitate
Gut beraten, froh gestimmt.
Gute-Laune-Büchlein • HairAffair!
Heldenjungfrauen • Ich hab dich so lieb
Liebe Mama... • Liebe Oma...
Lieber Opa... • Lieber Papa...
Lotter-Wirtschaft • Rosa Luxemburg
Märchenkönig Ludwig II. (auch engl.)
Karl May
Mein Leipzig. Geliebtes Weltdorf
Wolfgang Amadeus Mozart (auch engl.)
Musenkuss – Richard Wagner
Nietzsche-Zitate • Philosophinnen-Sprüche
Rainer Maria Rilke • Sandmännchen
Schiller-Zitate • Clara & Robert Schumann
Theodor Storm • Thomaner-Büchlein
Wahrsagen à la Lenormand
Weisheiten aus dem Fernen Osten
Weisheiten der Welt • Heinrich Zille

STADT & LAND

Auf der Saale-Unstrut-Weinstraße
Auf der Sächsischen Weinstraße